RECLAMI FINANZIARI E SANITARI IL GRANDE LIBRO DI DICHIARAZIONI E FRASI POTENTI DEL GURUS FINANZIARIO!!

RECLAMI FINANZIARI E SANITARI

IL GRANDE LIBRO DI

DICHIARAZIONI E FRASI POTENTI DEL GURUS FINANZIARIO!!

RECLAMI FINANZIARI E SANITARI IL GRANDE LIBRO DI DICHIARAZIONI E FRASI POTENTI DEL GURUS FINANZIARIO!!

RECLAMI FINANZIARI E SANITARI IL GRANDE LIBRO DI DICHIARAZIONI E FRASI POTENTI DEL GURUS FINANZIARIO!!

CONTENUTI

Introduzione

Capitolo 1: Che dire di ricchezza e crediti finanziari

Capitolo 2: Citazioni finanziarie

Capitolo 3: Affermazioni finanziarie generali

Capitolo 4: Citazioni finanziarie sugli investimenti

Capitolo 5: Conclusione

RECLAMI FINANZIARI E SANITARI IL GRANDE LIBRO DI DICHIARAZIONI E FRASI POTENTI DEL GURUS FINANZIARIO!!

RECLAMI FINANZIARI E SANITARI IL GRANDE LIBRO DI
DICHIARAZIONI E FRASI POTENTI DEL GURUS FINANZIARIO!!

Introduzione

Molte persone cercano di guadagnare più reddito, aumentare la loro ricchezza, liberarsi dal debito e liberarsi finanziariamente.

Molte persone si chiedono perché alcuni individui siano benedetti con alti redditi e altri no. Bene, ci sono molti misteri nella vita, tuttavia un principio antico quanto le epoche è la Legge di Attrazione. Ottieni tutte le informazioni di cui hai bisogno qui.

RECLAMI FINANZIARI E SANITARI IL GRANDE LIBRO DI
DICHIARAZIONI E FRASI POTENTI DEL GURUS FINANZIARIO!!

Capitolo 1: Che dire di ricchezza e crediti finanziari

Qual è la legge di attrazione? È diventata una parola virale sempre più popolare dalla fama selvaggia di libri come "The Secret" e il film "The Secret".

Ad ogni modo, molto prima di "The Secret", le persone hanno usato affermazioni e visualizzazioni positive per attrarre le cose che vogliono nella loro vita.

Il principio è abbastanza semplice. In sostanza, la Legge di Attrazione afferma che qualunque cosa tu stia pensando o sentendo si manifesta nella tua vita.

Ad esempio, hai mai pensato a una vecchia conoscenza con cui non parli da molto tempo? Per esempio cosa stanno facendo, e all'improvviso qualcuno inizia a parlarne, o appare nella tua vita in qualche modo folle - aggiungi come amico su Facebook, ad esempio.

Ecco come funziona la Legge di Attrazione.

Abbiamo migliaia di pensieri che attraversano il nostro cervello ogni giorno e la cosa cruciale è mettere a punto e focalizzare quei pensieri e sentimenti su ciò che vogliamo, in modo che appaia ciò che vogliamo!

Il motivo per cui la maggior parte delle persone non guadagna reddito o non trova reddito facile da ottenere è perché hanno associazioni e nozioni dannose sul reddito.

RECLAMI FINANZIARI E SANITARI IL GRANDE LIBRO DI DICHIARAZIONI E FRASI POTENTI DEL GURUS FINANZIARIO!!

Se pensi che il reddito ti renda vizioso, o che il reddito sia difficile da acquisire, o che chiunque abbia un reddito debba aver truffato qualcuno o che gli individui con reddito siano egoisti, allora naturalmente non attirerai prosperità la tua vita. Se sei costantemente concentrato sul tuo debito, sarai sempre in debito.

Quando inizi a concentrarti sul reddito come semplice energia che può facilmente fluire nella tua vita, rimarrai stupito di quanto sia facile. Le affermazioni possono aiutarti a modellare i tuoi pensieri e i tuoi sentimenti verso il reddito, così inizierai a modificare le tue nozioni e guadagnare più reddito.

È fondamentale che i tuoi conti economici siano credibili per te. Se all'e Resiste a loro, non sarà efficace per attrarre ricchezza e del reddito. Quindi, se affermare una dichiarazione come "Voglio vincere un milione di dollari di quest'anno , " non si sente come qualcosa fattibile, sarà non appare, anche quando si l'asserzione.

In questo libro ci sono dichiarazioni di reddito e citazioni di reddito che ho usato in passato e qui e ora che mi stanno aiutando a fare entrate, guadagnare entrate e avere entrate gratuite sono apparse nella mia vita.

È fondamentale provare sinceramente gratitudine per ciò che ti viene dato. La gratitudine è una delle chiavi per essere felici e per la prosperità.

L'illustrazione "Vorrei avere una relazione soddisfacente per la vita" e "Non desidero finire triste e sola" può sembrare due modi per dire la stessa cosa. Non sono. Al tuo subconscio, stanno dicendo il contrario.

RECLAMI FINANZIARI E SANITARI IL GRANDE LIBRO DI
DICHIARAZIONI E FRASI POTENTI DEL GURUS FINANZIARIO!!

Il tuo subconscio non capisce la differenza tra
"Voglio" e "Non voglio". Senti solo "una
relazione soddisfacente per la vita" o "triste e
solitario".

Se si desidera che Master To affermazione
alla ricchezza dei prodotti e la prosperità si
vuole, devi per farlo correttamente.

Sebbene affermazioni positive si presentino
in molte forme, la struttura rimane la stessa.
Qualunque sia la tua scelta, sii il più chiaro,
particolare e preciso possibile:

Sono: Un'affermazione di chi sei.

Queste sono affermazioni positive di un vero
stato d'essere che vive in te. Puoi ottenere un
elenco completo delle affermazioni " Io sono "
facendo un inventario personale favorevole

dei tuoi attributi, punti di forza, talenti e competenze.

- Sono perfettamente sano nella mente, nel corpo e nello spirito.

- Sono una mente e utilizzo la mia saggezza ogni giorno.

- Sono appassionato di tutto ciò per cui lavoro.

Posso farcela: Una dichiarazione del tuo potenziale.

Questa è un'espressione favorevole del tuo potere di raggiungere gli obiettivi. È una dichiarazione della tua fiducia nel tuo potere di crescere, cambiare e aiutare te stesso.

RECLAMI FINANZIARI E SANITARI IL GRANDE LIBRO DI DICHIARAZIONI E FRASI POTENTI DEL GURUS FINANZIARIO!!

Le dichiarazioni di " io posso " può essere progettato dopo si hanno una serie di obiettivi.

- Posso amare il mio partner incondizionatamente.

- Posso smettere di fumare facilmente.

- Posso far crescere la mia attività ed essere finanziariamente libero.

Lo farò: Un'affermazione di un cambiamento favorevole nella tua vita.

Le dichiarazioni favorevoli di ciò che si vuole per accadere. È una profezia di successo. Le affermazioni della mia volontà vengono fatte

RECLAMI FINANZIARI E SANITARI IL GRANDE LIBRO DI
DICHIARAZIONI E FRASI POTENTI DEL GURUS FINANZIARIO!!

dopo che hai fissato le tue priorità e i tuoi obiettivi. Molte volte la parola " volontà " può essere rimossa per portare l'affermazione nel qui e ora.

- Mi amerò e mi nutrirò meglio ogni giorno.

- Guadagnerò più fiducia in me stesso ogni giorno.

- Farò le mie visualizzazioni ogni giorno.

RECLAMI FINANZIARI E SANITARI IL GRANDE LIBRO DI
DICHIARAZIONI E FRASI POTENTI DEL GURUS FINANZIARIO!!

Capitolo 2: Citazioni finanziarie

Le citazioni finanziarie e patrimoniali possono ispirarti . Diamo un'occhiata ad alcuni.

Citazioni

- "Le donne fingono gli orgasmi e gli uomini fingono le finanze". - Suze Orman

- "Se sei nell'un percento più fortunato dell'umanità, devi al resto dell'umanità pensare all'altro 99 percento." -
Warren buffett

RECLAMI FINANZIARI E SANITARI IL GRANDE LIBRO DI DICHIARAZIONI E FRASI POTENTI DEL GURUS FINANZIARIO!!

- "Regola n. 1: non perdere mai denaro. Regola n. 2: non dimenticare mai la regola n. 1." - Warren Buffett

- "Un uomo ha sempre due ragioni per quello che fa ... una buona e una vera." - JP Morgan

- "Cerco di non prendere in prestito, prima prendi in prestito e poi implori". - Ernest Hemingway

- "Le previsioni possono dirti molto sul meteorologo; non ti dicono nulla sul futuro." - Warren Buffett

- "Le persone dello stesso mestiere raramente si riuniscono, anche per divertimento, ma la conversazione si conclude in una cospirazione contro il pubblico o in qualche dispositivo per aumentare i prezzi" - Adam Smith, The Wealth of Nations: An Inquiry

RECLAMI FINANZIARI E SANITARI IL GRANDE LIBRO DI DICHIARAZIONI E FRASI POTENTI DEL GURUS FINANZIARIO!!

into Nature e le cause della ricchezza delle nazioni

- "Le tue azioni sono le tue uniche vere cose".

- Allan Lokos, Patience: The Art of Peaceful Living .

- "Questa storia è l'ultimo esempio del più grande problema politico dell'America. Non abbiamo più l'intervallo di attenzione per affrontare qualsiasi crisi del 21 ° secolo. Viviamo in un'economia immensamente complessa e siamo completamente in balia del piccolo gruppo di persone che lo fanno. capiscono - dal modo in cui si rivelano spesso le stesse persone che hanno costruito questi sistemi economici selvaggiamente complessi. Dobbiamo fidarci di queste persone per fare la cosa giusta, ma non possiamo, perché, beh, sono feccia. Che è un grosso problema, se ci pensate ". Matt Taibbi, Griftopia: Bubble

RECLAMI FINANZIARI E SANITARI IL GRANDE LIBRO DI
DICHIARAZIONI E FRASI POTENTI DEL GURUS FINANZIARIO!!

Machines, Vampire Squids and the Long
Scam America is Breaking .

- "La nostra economia morale è fallita molto
prima di quella finanziaria". Steve Maraboli,
senza scuse: riflessioni sulla vita e
sull'esperienza umana.

- "La truffa di base nell'era di Internet è
abbastanza facile da capire anche per gli
analfabeti finanziari. Era come se banche
come Goldman avessero avvolto i nastri
attorno alle angurie, le avessero gettate da
finestre di quindici piani e avessero aperto i
telefoni per fare offerte In questo gioco sei
solo un vincitore se ottieni i tuoi soldi prima
che il melone colpisca il marciapiede. "- Matt
Taibbi, Griftopia: Bubble Machines, Vampiric
Squid e la lunga truffa che sta distruggendo
l'America

RECLAMI FINANZIARI E SANITARI IL GRANDE LIBRO DI
DICHIARAZIONI E FRASI POTENTI DEL GURUS FINANZIARIO!!

- "Il prezzo non è solo una questione di numeri. È un sacrificio soddisfacente."
Toba Beta, Maestro della stupidità

- "Gli imprenditori sono come gli squali, non solo perché siamo grigi e un po 'unti, o perché i nostri denti seguono la scia delle viscere di quelli che abbiamo sventrato, ma perché dobbiamo avanzare o morire".
Stanley Bing

- "Nessuno dovrebbe abbandonare una donna dopo aver gettato un sacco di oro nella sua angoscia! Dovrebbe amarla per sempre! Sei giovane, hai solo ventuno anni e sei gentile, etero e bene.

Mi chiederai come una donna può accettare denaro da un uomo. Oh Dio, non è naturale condividere tutto con chi dobbiamo tutta la nostra felicità? Quando uno ha dato tutto, come si può discutere di una mera parte di

RECLAMI FINANZIARI E SANITARI IL GRANDE LIBRO DI DICHIARAZIONI E FRASI POTENTI DEL GURUS FINANZIARIO!!

esso? Il denaro è importante solo quando la sensazione è cessata. Uno non è destinato alla vita? Come puoi prevedere la separazione quando pensi che qualcuno ti ami? Quando un uomo giura amore eterno, come possono esserci preoccupazioni separate in quel caso? "- Honoré de Balzac, Père Goriot

- "Potresti ancora andare in qualche industria o in qualche università o governo e se riesci a convincerli che hai qualcosa in ballo, allora potrebbero mettere i soldi dopo aver tagliato se stessi in quasi tutti i profitti. E, naturalmente, avrebbero diretto il mostra perché erano i suoi soldi e tutto ciò che avevi fatto era sudare e sanguinare ". - Clifford D. Simak, Tutte le trappole della terra

- "In molti modi, l'effetto dell'incidente sull'appropriazione indebita è stato più significativo che sul suicidio. Per l'economista l'appropriazione indebita è il più interessante dei crimini. Solo tra le varie

RECLAMI FINANZIARI E SANITARI IL GRANDE LIBRO DI DICHIARAZIONI E FRASI POTENTI DEL GURUS FINANZIARIO!!

forme di furto ha un parametro temporale. Settimane , possono trascorrere mesi o anni tra la commissione del crimine e la sua scoperta (questo è un periodo, tra l'altro, in cui il sottrattore ha il suo guadagno e l'uomo che è stato sottratto, curiosamente, non sente alcuna perdita. C'è un aumento al netto della ricchezza psichica.) In ogni momento c'è un inventario di appropriazioni indebite da scoprire - o più precisamente non nelle - attività e banche del Paese . Questo inventario - forse dovrebbe essere chiamato appropriazione indebita - ammonta a molti milioni in una sola volta. anche i dollari variano di dimensioni con il ciclo economico.

Nei bei tempi, le persone sono rilassate, fiduciose e il denaro è abbondante. Ma sebbene i soldi siano abbondanti, ci sono sempre molte persone che hanno bisogno di più. In queste circostanze il tasso di appropriazione indebita aumenta, il tasso di individuazione diminuisce e l'aumento di appropriazione indebita aumenta rapidamente. Nella depressione tutto ciò è invertito.

Il denaro è guardato con un occhio stretto e sospettoso. L'uomo che lo gestisce dovrebbe essere disonesto fino a quando non prova il contrario. Gli audit sono penetranti e meticolosi. La moralità commerciale è notevolmente migliorata. Il beccuccio si restringe. John Kenneth Galbraith

- Proprio mentre il boom ha accelerato il tasso di crescita, la crepa ha notevolmente aumentato il tasso di scoperta. In pochi giorni qualcosa di simile alla fiducia universale si trasformò in qualcosa di simile al sospetto universale. Sono stati ordinati audit. È stato notato un comportamento teso o preoccupato. Ancora più importante, il crollo dei valori delle azioni ha reso irrecuperabile la posizione del dipendente che si era

RECLAMI FINANZIARI E SANITARI IL GRANDE LIBRO DI DICHIARAZIONI E FRASI POTENTI DEL GURUS FINANZIARIO!!

appropriatamente appropriatamente giocato sul mercato. Ora ha confessato ".

John Kenneth Galbraith, The Great Shock of 1929

- "Le finanze personali sono come la salute personale delle persone, cruciali e tragiche per coloro che le soffrono ma noiose per coloro che le ascoltano." - Thomas Keneally, Alla ricerca di Schindler: un ricordo

- "L'obiettivo della pensione è vivere sui tuoi beni, non su di loro"...Frank Eberhart

- "La prima regola per fare soldi è non perderlo". - Steven J.

Leggi, The Money Plan: creare ricchezza personale per un futuro sicuro

RECLAMI FINANZIARI E SANITARI IL GRANDE LIBRO DI DICHIARAZIONI E FRASI POTENTI DEL GURUS FINANZIARIO!!

- "Sono in debito? Sono un vero americano!" - Da "Perfect Strangers"

- "Le virtù della libera impresa possono essere distorte dall'avidità e dall'inganno". - Allan Lokos, Patience: The Art of Peaceful Living

- "Non adorerai il tuo consulente per gli investimenti, perché se fosse così intelligente si ritirerebbe". - Steven J. Lee, The Money Plan: creare ricchezza personale per un futuro sicuro

- "Non dimenticherai che il denaro è solo denaro e non carattere o fama". - Steven J. Lee, The Money Plan: creare ricchezza personale per un futuro sicuro

- "Vedo i presidenti morti. Lincoln, Jefferson, Franklin e Washington." - Nicole Fende, Come essere una rock star finanziaria

RECLAMI FINANZIARI E SANITARI IL GRANDE LIBRO DI
DICHIARAZIONI E FRASI POTENTI DEL GURUS FINANZIARIO!!

- Molte piccole imprese preferiscono affrontare un'orda di barbari arrabbiati piuttosto che affrontare il loro stato di flusso di cassa o dare un prezzo a un nuovo prodotto. "- Nicole Fende, How to be Finance Rock Star

- "Beh, vedi quella ragazza laggiù, quella di quel gruppo e che non smette di guardarti?"... "Bene, diciamo che sono convinto che indossa mutandine nere - sembra una ragazza con mutandine nere - e Sono così sicuro che è quello che indossa, così sicuro di quel fatto sartoriale, voglio scommettere un milione di dollari. Il problema è, se sbaglio, ho finito.

Quindi scommetto che indossa anche mutande non nere. , ma uno qualsiasi di un intero paniere di colori - diciamo che ho messo novecentocinquantamila dollari in quella possibilità: quello è il resto del mercato, quella è la siepe. Questo è un

RECLAMI FINANZIARI E SANITARI IL GRANDE LIBRO DI DICHIARAZIONI E FRASI POTENTI DEL GURUS FINANZIARIO!!

esempio grezzo, okay, in ogni modo, ma ascoltami. Ora, se ho ragione, guadagno cinquantamila, ma anche se sbaglio perderò cinquantamila, perché sono coperto. E perché il 95 percento del mio milione di dollari non è in uso...

Non mi chiameranno mai per dimostrarlo: l'unico rischio è nella diffusione - posso fare scommesse simili con altre persone. Oppure posso scommettere su qualcosa di completamente diverso.

E soprattutto, non devo avere sempre ragione: se posso abbinare il colore della tua biancheria intima il cinquantacinque per cento delle volte, finirò per diventare molto ricco..."- Robert Harris, The Fear Indice

- "Se devi dieci sterline alla Banca d'Inghilterra, ti mettono in prigione, ma se

RECLAMI FINANZIARI E SANITARI IL GRANDE LIBRO DI
DICHIARAZIONI E FRASI POTENTI DEL GURUS FINANZIARIO!!

devi un milione di sterline, ti invitano a far parte del consiglio" - Philippe Ries

- "Il capitale accumulato nel diciottesimo e diciannovesimo secolo attraverso varie forme di economia degli schiavi continua a circolare, ha detto De Jong, continua a suscitare interesse, aumentando molte volte e rifiorendo continuamente" - WG Sebald

RECLAMI FINANZIARI E SANITARI IL GRANDE LIBRO DI DICHIARAZIONI E FRASI POTENTI DEL GURUS FINANZIARIO!!

Capitolo 3: Affermazioni finanziarie generali

Sei in grado di avviarti e io stesso di avere grande ricchezza e prosperità. Vediamo alcune affermazioni.

Affermazioni

- La mia abbondanza finanziaria oggi trabocca.

- La presenza di gioia nel mio cuore libera un'abbondanza di bene nella mia vita.

- Dovevo essere prospero. Ho molto da condividere e salvare.

RECLAMI FINANZIARI E SANITARI IL GRANDE LIBRO DI
DICHIARAZIONI E FRASI POTENTI DEL GURUS FINANZIARIO!!

- Ora faccio fortuna facendo ciò che amo.

- Il denaro arriva facilmente e liberamente.

- Ora do e ricevo più liberamente.

- Ora attiro denaro senza sforzo.

- Ora sono una potente calamita per i soldi.

- Immediatamente rispondo con fede alla guida dello Spirito Santo dentro di me. Sono sempre nel posto giusto al momento giusto perché i miei passi sono ordinati dalla Potenza Superiore.

- La Potenza superiore mi ha dato tutte le cose che appartengono alla vita e alla pietà, e sono in grado di possedere tutto ciò che la Potenza superiore mi ha fornito.

RECLAMI FINANZIARI E SANITARI IL GRANDE LIBRO DI DICHIARAZIONI E FRASI POTENTI DEL GURUS FINANZIARIO!!

- La ricchezza si sta riversando nella mia vita.

- Creerò una casa piena di gioia e pace.

- Sono esente da debiti

- Aggiungo costantemente al mio reddito

- Sono finanziariamente libero

- Il potere superiore è la fonte indefettibile e illimitata della mia scorta. Il mio reddito finanziario ora aumenta man mano che le benedizioni dell'alta potenza mi portano.

- Ora attiro incredibili opportunità per aumentare la mia ricchezza e la mia vita.

- Ora ho una spensierata libertà finanziaria nel mondo!

RECLAMI FINANZIARI E SANITARI IL GRANDE LIBRO DI
DICHIARAZIONI E FRASI POTENTI DEL GURUS FINANZIARIO!!

- Ringrazio Dio per i miei valori finanziari.

- Ora posso investire i soldi con saggezza.

- Ora ottengo la saggezza divina in materia di denaro.

- Non solo ricevo denaro, ma do anche denaro.

- Ora attiro facilmente denaro.

- Quando do, sono, in larga misura, schiacciato, scosso e investito. (Tieni presente che il dare arriva in tutte le forme ... denaro, una mano utile, il tuo tempo per un altro, il tuo incoraggiamento, il tuo sorriso. Tutto ciò di cui hai bisogno è la volontà di dare per quel giorno, proprio come ti viene detto. ha indicato).

RECLAMI FINANZIARI E SANITARI IL GRANDE LIBRO DI DICHIARAZIONI E FRASI POTENTI DEL GURUS FINANZIARIO!!

- Ora guadagno ($) al mese.

- Ho ($) alla fine di questa settimana.

- Ora posso dare ($) a settimana / mese ai meno fortunati.

- Le mie finanze sono benedette divinamente.

- Ora ho il controllo delle mie finanze.

- Sono come un albero piantato vicino ai fiumi d'acqua, porto frutti ai miei tempi, la mia foglia non appassisce e tutto ciò che faccio prospererà. La grazia del Potere Superiore fa persino prosperare i miei errori.

- Attraggo opportunità per me

RECLAMI FINANZIARI E SANITARI IL GRANDE LIBRO DI
DICHIARAZIONI E FRASI POTENTI DEL GURUS FINANZIARIO!!

- Sono una calamita per i soldi. Mi vedo come un miliardario.

- Tutto ciò che voglio viene facilmente e senza sforzo.

- Sono in procinto di attirare un lavoro che fornirà sicurezza finanziaria a me e alla mia famiglia.

- La ricchezza sta inondando la mia famiglia mentre parlo

- Sono prospero in tutto ciò che faccio

- Tutti gli ostacoli e gli ostacoli alla mia prosperità sono stati dissolti.

- Ora ho completa libertà finanziaria da fare, essere e avere tutto ciò che voglio.

RECLAMI FINANZIARI E SANITARI IL GRANDE LIBRO DI
DICHIARAZIONI E FRASI POTENTI DEL GURUS FINANZIARIO!!

- Ora divento sempre più prospero giorno dopo giorno.

- Ho una continua abbondanza di denaro che mi scorre sempre

- Ora sono permanentemente libero da debiti e qualsiasi tipo di problema con il denaro.

- Penso sempre positivamente ai soldi.

- Ho molte opportunità finanziarie.

- Trovo sempre un modo per ottenere grandi benefici.

- Sono ricco e prospero.

- Sono fiducioso di essere guidato in modi che portano risultati sorprendenti.

RECLAMI FINANZIARI E SANITARI IL GRANDE LIBRO DI
DICHIARAZIONI E FRASI POTENTI DEL GURUS FINANZIARIO!!

- Riempo la mia mente con l'idea dell'abbondanza e l'abbondanza si manifesta in tutti i miei affari.

- Riconosco la mia vera fonte e lascio che la prosperità si riversi in ciascuna delle mie esperienze.

- Io e il mio partner assumiamo regolarmente il controllo delle nostre finanze e del nostro budget.

- Comincio oggi ad aprirmi a una prosperità sempre maggiore.

- Le mie entrate sono in costante aumento.

- Ora ricevo il mio bene da fonti attese e inaspettate.

RECLAMI FINANZIARI E SANITARI IL GRANDE LIBRO DI DICHIARAZIONI E FRASI POTENTI DEL GURUS FINANZIARIO!!

- Sono circondato da uomini d'affari molto intelligenti, super efficaci e brillanti ...

- L'abbondanza mi circonda. Oggi rivendico la mia quota.

- I miei pensieri di prosperità creano il mio mondo prospero.

- La mia vita è piena di abbondanza di beni.

- Con la guida del Potere Superiore, la mia vita è piena di successi gioiosi e ricca abbondanza.

- Rilascio tutti i sentimenti di mancanza e limitazione. Accetto volentieri le benedizioni della gioia e dell'abbondanza.

- Oggi è ricco di opportunità e apro il mio cuore per riceverle.

RECLAMI FINANZIARI E SANITARI IL GRANDE LIBRO DI
DICHIARAZIONI E FRASI POTENTI DEL GURUS FINANZIARIO!!

- Il denaro scorre liberamente e abbondantemente nella mia vita.

- Attrarre denaro è facile.

- Sono il mio capo. Lavoro quando voglio, dove voglio e come voglio, e sono prosperamente pagato per i miei sforzi.

- Sono un miliardario.

- Il denaro viene facilmente e senza sforzo per me.

- Sono aperto e disponibile a nuove strade di reddito.

- Attraggo l'abbondanza senza sforzo.

RECLAMI FINANZIARI E SANITARI IL GRANDE LIBRO DI
DICHIARAZIONI E FRASI POTENTI DEL GURUS FINANZIARIO!!

- Merito di essere ricco.

- Mi accadono cose meravigliose perché vivo
con un atteggiamento di gratitudine.

- Sono degno di tutto ciò che il mio cuore
desidera. È la mia eredità divina!

- Immagino l'abbondanza per me stesso e per
gli altri.

- Ho sempre più soldi in entrata che in uscita.

- Mi permetto di avere più di quanto avessi
mai potuto immaginare.

- Credo pienamente nella mia capacità di
attrarre denaro.

- Ho una mentalità da soldi.

RECLAMI FINANZIARI E SANITARI IL GRANDE LIBRO DI
DICHIARAZIONI E FRASI POTENTI DEL GURUS FINANZIARIO!!

- Il denaro sembra sempre venire dalla mia parte.

- Naturalmente attiro denaro e abbondanza materiale.

- Confido che tutto arrivi al momento giusto e nel modo perfetto.

- Mi arrendo al mio massimo bene.

- Invito e permetto al bene di entrare nella mia vita.

- Mi procuro abbondantemente mentre continuo per la mia strada.

- Conosco il mio valore, onoro il mio valore.

RECLAMI FINANZIARI E SANITARI IL GRANDE LIBRO DI
DICHIARAZIONI E FRASI POTENTI DEL GURUS FINANZIARIO!!

- Tutto il denaro che spendo arricchisce la società e ritorna da me moltiplicato.

- La mia vita è piena di abbondanza.

- Sono concentrato sul raggiungimento della ricchezza.

- Il mio conto bancario non sembra mai smettere di crescere.

- Sono molto concentrato sul raggiungimento del successo finanziario.

- Sono aperto a ricevere.

- Sto bene con tutti i soldi che spendo.

- I miei soldi sono una fonte di bene per me e per gli altri.

RECLAMI FINANZIARI E SANITARI IL GRANDE LIBRO DI
DICHIARAZIONI E FRASI POTENTI DEL GURUS FINANZIARIO!!

- Sono finanziariamente indipendente e libero.

- Ora ho un reddito finanziario elevato, stabile, affidabile e permanente.

- Il potere superiore desidera ardentemente portarmi bene!

- Sono pieno della conoscenza della volontà del Potere Superiore in ogni saggezza e comprensione spirituale, la Sua volontà è la mia prosperità.

- Proibisco ai pensieri di fallimento e sconfitta di abitare nella mia mente.

- Sono pieno della saggezza del Potere Superiore e sono guidato a prendere sagge e prosperose decisioni finanziarie. Lo Spirito

RECLAMI FINANZIARI E SANITARI IL GRANDE LIBRO DI
DICHIARAZIONI E FRASI POTENTI DEL GURUS FINANZIARIO!!

del Potere Superiore mi guida a tutta la verità riguardo ai miei affari finanziari.

- Il Potere Superiore rende i miei pensieri in accordo con la Sua volontà ... i miei piani sono stabiliti e hanno successo.

- Avendo ricevuto l'abbondanza della grazia e il dono della giustizia, regnano come un re nella vita.

- Ho sempre soldi.

- Attraggo abbondanza finanziaria.

- La mia mente è messa a punto per attirare enormi ricchezze.

Capitolo 4: Citazioni finanziarie sugli investimenti

Per avere buenas capacità di investimento, dovrebbero avere ispirazione e conoscenze in particolari aree. Diamo un'occhiata alle citazioni di alcune di queste aree particolari.

Competenze di cui hai bisogno

- "Il singolo investitore deve agire costantemente come investitore e non come speculatore." - Ben Graham Sei un investitore, non qualcuno che può anticipare il futuro. Basa le tue conclusioni su fatti e analisi reali piuttosto che su previsioni rischiose e incerte.

RECLAMI FINANZIARI E SANITARI IL GRANDE LIBRO DI DICHIARAZIONI E FRASI POTENTI DEL GURUS FINANZIARIO!!

- "Non si tratta di quanti soldi guadagni, ma di quanti soldi hai, quanto ti costa e per quante generazioni li conservi." - Robert Kiyosaki

Se sei un milionario nei primi anni di vita, ma perdi tutto nella mezza età, hai fatto molti soldi. Fai crescere e proteggi il tuo portafoglio di investimenti diversificandolo attentamente e ti troverai a finanziare molte generazioni a venire.

- "Conosci ciò che possiedi e sai perché lo possiedi." - Peter Lynch Fai i compiti prima di prendere una decisione. E una volta che hai preso una decisione, assicurati di rivalutare il tuo portafoglio in modo tempestivo. Una presa ragionevole ora potrebbe non essere una presa prudente in seguito.

RECLAMI FINANZIARI E SANITARI IL GRANDE LIBRO DI DICHIARAZIONI E FRASI POTENTI DEL GURUS FINANZIARIO!!

- "La pace finanziaria non è l'acquisizione di cose. Sta imparando a convivere con meno di quello che guadagni, in modo da poter ripagare e avere soldi da investire. Non puoi guadagnare finché non lo fai." - Dave Ramsey

Una t essere modesto in pese di noi, si può assicurarsi che abbastanza per t pensione ue può alla comunità anche.

- "Investire dovrebbe essere più come guardare la vernice asciugare o guardare l'erba crescere. Se vuoi l'eccitazione, prendi $ 800 e vai a Las Vegas." - Paul Samuelson

Se ritieni che l'investimento sia un gioco d'azzardo, lo stai facendo in modo errato. Il lavoro richiesto richiede pianificazione e pazienza. Indipendentemente da ciò, i guadagni che vedi nel tempo sono commoventi!

RECLAMI FINANZIARI E SANITARI IL GRANDE LIBRO DI DICHIARAZIONI E FRASI POTENTI DEL GURUS FINANZIARIO!!

- "I fondi nel mondo degli investimenti non terminano con un minimo di quattro anni; terminano con un minimo di 10 o 15 anni". - Jim Rogers Anche se i minimi di dieci o quindici anni non sono tipici, si verificano. Durante questi periodi di depressione, non essere timido di andare contro la curva e investire; Potresti fare una fortuna facendo una mossa senza paura - o perdere tutto.

"Ti dirò come diventare ricco. Chiudi le porte. Temi quando gli altri sono avidi. Sii avido quando gli altri hanno paura." -
Warren buffett

Preparati a investire in un mercato in declino e ad "uscire" in un mercato in crescita.

- "Il mercato azionario è pieno di individui che conoscono il prezzo di tutto, ma il valore di niente". - Phillip Fisher Un diverso testamento al fatto che investire senza

RECLAMI FINANZIARI E SANITARI IL GRANDE LIBRO DI DICHIARAZIONI E FRASI POTENTI DEL GURUS FINANZIARIO!!

formazione e ricerca alla fine porterà a decisioni di investimento sfortunate. La ricerca è molto più che ascoltare semplicemente l'opinione pubblica.

- "Negli investimenti, ciò che è comodo raramente è redditizio". - Robert Arnott

Di tanto in tanto, si dovrà fare un passo fuori della vostra zona di comfort per fare guadagni significativi. Comprendi i limiti della tua zona di comfort ed esercizio fisico lasciandola a piccole dosi. Per quanto sappia il mercato, anche deve conoscere me stesso. Può gestire per stare sul mercato quando tutti gli altri vanno in pensione? O uscire durante il più grande raduno del secolo? Non c'è posto per l'orgoglio in questo tipo di autoanalisi. Il più grande schema di investimento può diventare il peggiore se non hai lo stomaco per attaccarlo.

RECLAMI FINANZIARI E SANITARI IL GRANDE LIBRO DI
DICHIARAZIONI E FRASI POTENTI DEL GURUS FINANZIARIO!!

- "Quanti milionari conosci che sono diventati ricchi investendo in conti di risparmio? Non ho altro da dire". -Robert G. Allen

Sebbene investire nel risparmio sia una scommessa sicura, i tuoi guadagni saranno minimi, dato che i tassi di interesse sono eccessivamente bassi. Tuttavia, non rinuncia uno del tutto. Un conto di risparmio è un luogo affidabile per un fondo di emergenza, mentre non lo è un investimento sul mercato.

- Investi in te stesso. La sua carriera è il motore della sua ricchezza. "-Paul Clitheroe

Vogliamo tutti ricchezza, ma come la otteniamo? Inizia con una carriera di successo basata sui tuoi talenti e abilità. Investi su te stesso con l'istruzione, i libri o il lavoro di qualità in cui puoi sviluppare un insieme di competenze di qualità. Identifica i tuoi talenti e scopri un modo per trasformarli in un mostro che genera reddito. In questo modo, puoi davvero sfruttare la tua carriera nella ricchezza.

- "Ogni tanto il mercato fa qualcosa di così stupido da toglierti il respiro." - Jim Cramer Non ci sono scommesse sicure nell'arena degli investimenti; c'è rischio in tutto. Preparati per gli alti e bassi.

- "Non pagherei in anticipo. Investirei invece e lascio che gli investimenti lo coprano". - Dave Ramsey

Una risposta perfetta alla domanda: "Devo pagare il mio _____ (riempire lo spazio vuoto) o investire per la pensione?" Detto questo, un saldo della carta di credito del 30% può trasformarsi in un buco nero se non viene pagato tempestivamente. In sostanza, pagare il debito a tassi di interesse elevati e mantenere il debito a tassi inferiori.

RECLAMI FINANZIARI E SANITARI IL GRANDE LIBRO DI DICHIARAZIONI E FRASI POTENTI DEL GURUS FINANZIARIO!!

- "Un investimento nella conoscenza paga il miglior interesse". -Benjamin Franklin

Quando si tratta di investire, nulla pagherà più di autoeducazione. Fai le ricerche, gli studi e le analisi essenziali prima di trarre conclusioni sull'investimento.

- "Le quattro parole più pericolose su cui investire sono:" Questa volta è diverso. "- Sir John Templeton

Segui le tendenze e la storia del mercato. Non speculare questo particolare tempo sarà diverso. Ad esempio, una chiave importante per investire in un determinato fondo azionario o obbligazionario è la sua esecuzione in cinque anni.

RECLAMI FINANZIARI E SANITARI IL GRANDE LIBRO DI
DICHIARAZIONI E FRASI POTENTI DEL GURUS FINANZIARIO!!

- "Un'ampia diversificazione è necessaria solo quando gli investitori non comprendono ciò che stanno facendo". - Warren Buffett

Inizialmente, la diversificazione è cruciale. Una volta che cominci a fare i tuoi investimenti in sicurezza, sarà possibile regolare il tuo portagoflio di conseguenza e fare scommesse più grandi.

- "Le recessioni si verificano, ci sono cadute nel mercato azionario. Se non capisci che questo accadrà, allora non sei pronto, non farai bene nei mercati". - Peter Lynch.

Se recessioni o cadute ti colpiscono, devi rimanere in pista. Le economie sono cicliche e i mercati hanno dimostrato che si riprenderanno.

Assicurati di farne parte!

RECLAMI FINANZIARI E SANITARI IL GRANDE LIBRO DI
DICHIARAZIONI E FRASI POTENTI DEL GURUS FINANZIARIO!!

Il mondo degli investimenti può essere freddo e difficile. Tuttavia, se la profondità della ricerca e mantiene la testa ben posizionata, ci sono grandi probabilità di successo o di termine convincenti.

Torna a leggere queste citazioni se ti senti traballante o sconcertato Chiediti: in che modo sono rilevanti per la tua esperienza? Sono un qualcosa da aggiungere al mio bagaglio?

RECLAMI FINANZIARI E SANITARI IL GRANDE LIBRO DI
DICHIARAZIONI E FRASI POTENTI DEL GURUS FINANZIARIO!!

Capitolo 5: Conclusione

Puoi intensificare le tue affermazioni con una sola parola: facilmente.

Porto centinaia di centomila dollari al mese contro facilmente centomila dollari al mese.

Notate come la parola porti facilmente un senso di calma e intensifichi l'effetto emotivo favorevole dell'affermazione?

Ecco alcuni modi aggiuntivi per presentare le tue affermazioni più potenti:

Assicurati che le tue dichiarazioni siano audaci, chiare e positive.

RECLAMI FINANZIARI E SANITARI IL GRANDE LIBRO DI
DICHIARAZIONI E FRASI POTENTI DEL GURUS FINANZIARIO!!

Prova dicendo le tue affermazioni per mezz'ora al giorno. Dillo nella tua testa e ad alta voce, anche se è imbarazzante. Questa tua nuova visionerichiede coraggio e non si può rimanere in attesa di dichiarazioni che sembrano genuine, vere e proprie. Questo non apparirà fino a quando non si inizierà a credere in loro.

Se si inizia a mettere in discussione le sue dichiarazioni, si riconosce che la vostra mente non è a conoscenza te è per l'invio di un segnale in base a tuo condizionamento - Non è quello che in grado di raggiungere.

Continuare ad impegnarsi per il processo di nuovo. Ogni volta che stabilisci un obiettivo più alto, dedica te stesso a ri- articolarlo e imprimerlo nella tua mente inconscia.

Oltre alla tua affermazione, agisci.

RECLAMI FINANZIARI E SANITARI IL GRANDE LIBRO DI
DICHIARAZIONI E FRASI POTENTI DEL GURUS FINANZIARIO!!

Un Afirmazione non causa i risultati in to la
vita, a meno che non si dispone di il piano
giusto per sostenere questa affermazione ed è
prendere misurazioni quotidiane secondo il
piano.

Se il tuo desiderio è quello di avere una
grande quantità di denaro per soddisfare le
tue esigenze, pratica questa dichiarazione per
ottenere denaro: "Ho sempre una grande
quantità di denaro per soddisfare tutti i miei
bisogni".

Ripetilo più volte, quindi smetti di affermare.
Soggiorno silenzioso pur riconoscendo,
display e si sente come esso è e avere la
quantità di denaro che si desidera.

Senti che è già successo e che tutte le tue
esigenze sono più che soddisfatte. Mentre sei
in quello stato, sii aperto a tutti i modi e i

RECLAMI FINANZIARI E SANITARI IL GRANDE LIBRO DI
DICHIARAZIONI E FRASI POTENTI DEL GURUS FINANZIARIO!!

mezzi con cui attirerai denaro nella tua vita
per soddisfare tutte le tue esigenze.

Scegli affermazioni che ti sembrano
appropriate, quelle che ti risuonano o che ti
attraggono a causa delle tue emozioni. È
fondamentale che le parole siano a tuo agio
per te e che siano in linea con chi sei.
Sentitevi liberi di produrre per t o la
sostituzione di particolare esigenza altre
parole che hanno un significato speciale per
voi .

Ricorda che le affermazioni richiedono un po
'di tempo, tuttavia una volta avviata la
procedura rimarrai stupito di quanto
velocemente accada. Inizialmente, sembra un
sacco di lavoro senza molti risultati, ma
presto lo slancio della procedura inizia a
prendere il sopravvento.

RECLAMI FINANZIARI E SANITARI IL GRANDE LIBRO DI
DICHIARAZIONI E FRASI POTENTI DEL GURUS FINANZIARIO!!

Dentro di te c'è una stella che vuole esprimersi. Tutto quello che devi fare è imparare come usare le tue facoltà coscienti per trarre vantaggio dal fantastico potere di quella mente inconscia .

Infine (legge ad alta voce): sto raggiungendo tutto ciò che mi ero prefissato di fare.

SUCCESSO E PROSPERITÀ!!!

RECLAMI FINANZIARI E SANITARI IL GRANDE LIBRO DI DICHIARAZIONI E FRASI POTENTI DEL GURUS FINANZIARIO!!

Visita la nostra pagina degli autori su Amazon! E ottenere più libri di MENTES LIBRES!

https://www.amazon.it/MENTES-LIBRES/e/B08274DDV4?ref_=dbs_p_ebk_r0 0_abau_000000

Se lo desiderate, potete lasciare il vostro commento su questo libro cliccando sul seguente link in modo che possiamo continuare a crescere! Grazie mille per il vostro acquisto!

https://www.amazon.it/dp/B089NZ5L3H

www.ingramcontent.com/pod-product-compliance
Lightning Source LLC
Chambersburg PA
CBHW071122240526
45465CB00022B/776